中华中医昆仑

裴学义

学术评传

张镜源◎主编

中国盲文出版社

图书在版编目（CIP）数据

裴学义学术评传（大字版）/ 张镜源主编．—北京：中国盲文出版社，2015.12

（中华中医昆仑）

ISBN 978-7-5002-6854-3

Ⅰ.①裴…　Ⅱ.①张…　Ⅲ.①裴学义—评传
Ⅳ.①K826.2

中国版本图书馆 CIP 数据核字（2015）第 317021 号

裴学义学术评传

主　　编：张镜源
责任编辑：亢　淼
出版发行：中国盲文出版社
社　　址：北京市西城区太平街甲 6 号
邮政编码：100050
印　　刷：北京华联印刷有限公司
经　　销：新华书店
开　　本：700×1000　1/16
字　　数：42 千字
印　　张：6.25
版　　次：2015 年 12 月第 1 版　2016 年 3 月第 2 次印刷
书　　号：ISBN 978-7-5002-6854-3/K·459
定　　价：12.00 元
销售服务热线：（010）83190297　83190289　83190292

丛书编委会

前　言

中医药是中华民族的伟大创造，是世界医学宝库中的夺目瑰宝，数千年来为中华民族的繁衍昌盛作出了巨大的不可磨灭的贡献，至今仍是中国医药卫生事业不可分割的重要组成部分，在维护民族体魄康健、促进经济社会发展中发挥着不可替代的作用。

中医药学，是中华传统文化和科技文明的结晶，是勤劳聪慧的中华儿女在几千年生产生活实践中，在与疾病作斗争的过程中，创造的独具特色的医学科学体系。它有着浓郁的民族特色、深厚的文化底蕴和丰富的哲学内涵。经过一代又一代中医药传人、一辈又一辈名医大家的实践探索、薪火传承、总结完善、创新发展，逐步形成了系统的理论体系、独特的诊疗方法、丰富的医学内容、实用的制药技术。具有疗效确切、用药安全、应诊灵活、普适简廉和预防保健作用显著的巨大优势，在世界医学之林独树一帜，为人类的文明进步与医疗保健事业，已经并正在作出积极的贡献。

为了弘扬中华民族传统文化，彰显中医药学家的丰功伟绩，当代中医药发展研究中心与中国文学艺术界联合会、国家中医药管理局新闻办公室、中华中医药学会、中国中医科学院、北京中医药大学、世界中医药学会联合会等精诚合作，在国家中医药管理局的支持和指导下，为中华近现代百年来贡献卓著、深受敬仰的150位中医药学家，编撰出版了这部大型传记丛书。丛书采用评传体裁，记载他们的生平事迹、医术专长、学术思想、传承教育、医风医德、养生之道和突出贡献，使这些宝贵的医学成就和精神财富发扬光大，千古流芳。

丛书取名《中华中医昆仑》。昆仑山，被尊为“万山之祖”，柱西北而瞰东南，立中国而凭世界，凌驾乾坤，巍然屹立。以其高峻豪迈、绵延起伏的磅礴气势，寓意中华中医药学历史悠久、博大精深和永不衰竭；以其挺拔雄伟、高耸入云的恢弘气魄，彪炳一代中医药学家的丰功伟绩、杰出贡献和不朽勋业。

丛书入选传主，从全国范围推荐遴选，遍及中医药界各个领域。有临床家、理论家、药学家、教育家、医史文献学家；有名师亲授、世医家教、学派传人、院校毕业和自学成才者；有师徒并驾、父子齐名和伉俪联袂者。他们学术造诣深厚、诊疗技术精湛、临床经验丰富、学科地位崇高、科研成果丰硕、医风医德高尚、国内外影响较大，从医学理论到临床实践，为中医药事业的传承和发展作出了突出贡献，是近现代百年来中华中医药界的杰出代表。

丛书的出版，对于弘扬中华文化，振兴中医药事业，造就中医药人才，普及中医药知识，具有重要的现实意义和深远的历史意义。这是一项开创性工作，填补了我国为著名中医药学家大规模撰写传记的空白；也是一项抢救性工作，因入选传主已仙逝过半，许多亲历、亲见、亲闻的史料日见散逸，将之收集整理、编撰成书，功垂后世、利国利民；更是一项承前启后的工作，总结传主经验，传承中医药伟业，继往开来，光耀世界医学之林。这部医文结合，富蕴历史性、学术性、文学性和实用性的鸿篇巨制，对医疗、卫生、科研、教育及全球关注中华中医药文化的各界人士，都有重要的参考和阅读价值。

丛书的编撰出版，是一项巨大的中医药文

化建设工程，在策划、撰写、编辑、出版过程中，自始至终得到了国家有关领导、政府部门及社会各界人士的关心和支持。国家中医药管理局高度重视，并组织专家对全书进行终审；数百名专家、学者亲临指导，参与规划；有关省、市、自治区卫生厅、局、中医局（处）给予大力帮助；传主及其亲属、弟子热情支持、密切配合；撰稿人深情满怀、辛勤笔耕；编审专家尽心竭力、精工细琢；关爱中医药事业的企业家热心公益、慷慨资助；全体工作人员不辞辛劳、无私奉献，这一切使丛书得以顺利出版。对此，我们深表谢意。

由于时间紧迫和资料搜集困难，加之水平有限，难免有疏误之处，敬请广大读者批评指正。

中华中医药学，历史悠久，源远流长，发端于远古，奔向于未来。百年对于历史，不过是短暂的瞬间；百人对于万众，不过是沧海一粟。然本丛书所记载的百年百人，则无疑是波澜壮阔的中医药发展史上辉煌的篇章和光芒闪烁的璀璨星辰。

张镜源

目录

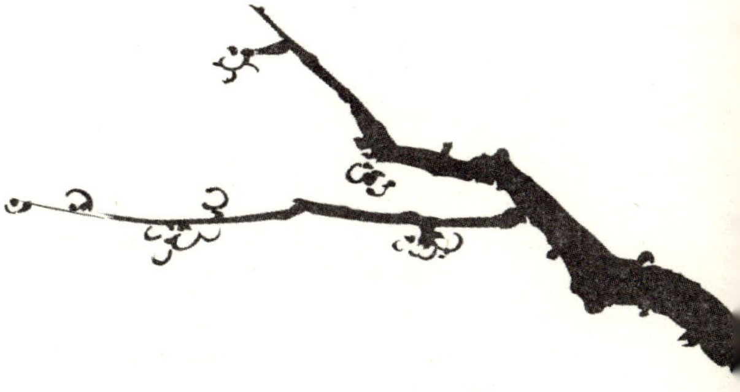

我是一个大夫，治病救人是我的天职；在我的有生之年，将为儿童卫生事业贡献出我的一切。

——裴学义

裴学义，1926 年出生，北京市人。著名中医儿科临床家，主任医师，教授。1944 年毕业于北平国医学院医科班，同年拜北京“四大名医”之一孔伯华为师，为孔师之关门弟子，随师研习 11 年，深得其真传。20 世纪 50 年代初，曾任北京市东城区联合诊所所长，积极协助传染病医院、北京市儿童医院治疗各种瘟疫杂病，成绩卓著，后受聘到北京市儿童医院工作，任中医科主任医师，曾任中国中医药学会理事。1997 年由人事部、卫生部和国家中医药管理局联合确定为全国老中医药专家学术经验继承工作指导老师，享受国务院政府特殊津贴。

裴学义行医60余年，学术上勤求古训，博采众方，不断实践，勇于创新。以擅长治疗温热病、疑难杂症而闻名，对小儿肝、胆、脾、胃、心、肾、肺疾病的治疗经验丰富，疗效显著，在同行及患儿家长中享有很高的威望。在治疗儿科咳喘症、消化不良厌食症、肝胆病、病毒性心肌炎、急慢性肾病、紫癜病、发育迟缓综合征、乳儿黄疸综合征、小儿疳积、心脏病、肺炎、支气管哮喘，以及内科、妇科及皮肤科等疾病方面成绩丰硕，受到普遍赞誉。20世纪50年代流行性乙型脑炎病势凶险，死亡率极高，在药少技穷之时，裴学义与中医界同仁一道研制出脑炎散和清消散，使临床治疗有效率上升至90%。70年代，临床乳儿黄疸逐年增多，他对其病因、病机深入研讨，研制出“金黄利胆冲剂”、“益肝降酶冲剂”，有效率达82.9%。同时还研制出多种行之有效的儿科中成药，如清解Ⅰ号、清解Ⅱ号、止咳定喘宁、调中开胃片、醒脾丸、健肤散、贝儿润、贝儿壮等，曾荣获卫生部科研成果奖一项，北京市科技进步奖一项，几十年的医学生涯中培养出众多后继人才，可谓桃李满天下。

裴学义主编了《孔伯华医案》，发表了《中医治疗乳儿黄疸一百五十例疗效观察》、《血小板减少性紫癜的辨证论治》、《咯血支气管扩张治验二则》等20余篇论文。

活用白虎　上承古训下启新风
偶得机缘　踏进医界深修内功

2007年3月初，距离当年的高考只剩下三个月的时间。北京某高中三年级学生黄某的母亲心急如焚，因为女儿已经高烧一个星期了。在高考复习最关键的时刻女儿却生病了。到医院检查，医生说有感染，不过是上呼吸道的问题，给了些消炎药拿回家吃。然而一连服药三天，高烧未退，眼看高考迫在眉睫，黄妈妈决定让女儿住院治疗。在医院住了半个多月，做了各项检查也没有查出什么原因，试遍了各种消炎药，烧始终退不下来，黄某的身体越来越糟。黄妈妈愁得一把一把地掉头发。

高考在即，别的同学都在争分夺秒地紧张

复习，可黄某根本就没办法上学。黄妈妈心急如焚，一筹莫展。这时她突然想到了一位老中医。八年前，黄某十岁的时候也曾发过一次高烧，医院确诊为病毒性肺炎，可是住院一个多月，试遍了各种消炎药，烧却始终不退。参加会诊时，裴学义开了 3 副中药。黄某喝下 3 副中药后开始退烧，并很快痊愈。此时的黄某极度虚弱，这种情况一般医生都认为应该大量地补阴、补气，以缓解她气阴两虚的症状，但裴学义开出的药方中却用了 60g 的生石膏，连当时在一旁抄方的儿子裴胜医生也大吃一惊。石膏有个别名叫白虎，医圣张仲景的名方“白虎汤”中，主药即为石膏，因而得名白虎汤，可见其药力之猛。石膏药性寒凉，主要用来清热泻火，除烦止渴。如果剂量太大会伤及患者正气。黄某高烧多日，身体消耗非常大，一般用 15g 就可以了，而裴学义却开出了 4 倍的大剂量，结果药到病除，令大家十分惊奇。裴学义认为，患者虽然虚弱，但仍有余热在身，故而恰如其分地用了60g石膏。裴学义能把石膏用得如此出神入化，那可是颇有一番渊源的。这样的妙手回春既上承古训又下启新风，这也是他倾一生之所学，而最终成为一代中医名家的奥秘。

对于治疗类似的温热之症，妙用生石膏并不是裴学义没有根据的自创，而是师承名家绝学，因此患者黄某的病能够药到病除也在常理之中。在纪晓岚的《阅微草堂笔记》中记载，当时京城大疫，有一位医生正是用了大剂量的生石膏汤救活了很多人。古往今来，许多医家都喜欢用生石膏。提起生石膏，不能不提及裴学义的恩师——孔伯华，因他善用石膏，在民间有“石膏孔”的称誉。裴学义是孔伯华的关门弟子，他跟着老师从医多年，自然深得善用石膏的精髓。石膏大寒说倡于唐宋之后，沿袭成风，畏如狼虎。医者习而不察，临证多煅而用之，遂宣散之性变为收敛。若投以外感实热者，量愈大则伤人愈甚，故畏而不用或少用。其实错不在石膏，而是在于将其煅用之。

《神农本草经》载：石膏其性微寒，主中风恶寒发热，心下逆气，惊悸，气喘，口干舌焦，不能休息，腹中坚硬疼痛，且宜于产乳，金疮。《名医别录》载：石膏其性大寒，除时气，头痛身热，三焦大热，皮肤热，肠胃中隔热，解肌发汗；止消渴烦逆，腹胀暴气喘息，咽热，也可煎汤外洗。

裴学义深得孔伯华指点，认为凡内伤外感，病确属热，投无不宜。其体重能泻胃火，其气轻能解肌表，生津液，除烦渴，退热疗狂，宣散外感温邪之实热，使从毛孔透出；其性之凉并不寒于其他凉药，但其解热之效，远较其他而过之；治疗伤寒之头痛如裂、壮热如火尤为特效，并能缓脾益气，邪热去，脾得缓而元气回；催通乳汁，阳燥润，乳道滋而涌泉出；

又能用于外科，治疗疡之溃烂化腐生肌；用于口腔糜烂；胃热肺热之发斑发疹更属要药；其他之卓效难以尽述，唯气血虚证在所当禁。

裴学义认为，“石膏之质重，量20～25g不过一大撮。以微寒之药欲用一大撮扑灭寒温燎原之热，又何能有大效。如用生石膏治疗外感实热，轻则15g。若实热炽盛甚则要倍用，治疗内伤杂病亦是如此。”裴学义临床用之，根据患者病情、年龄、性别等而定剂量，少则6～15g，多至120g，甚至250g煎煮代水饮用。

裴学义对石膏的活用，临床随处可见。他认为，石膏能化爆胜之阳，能解胃中之聚，故烦躁得治。如小青龙汤证，心下有水气、肺胀、咳而上气、脉浮、烦躁而喘即加石膏；大青龙汤之用石膏，亦是在于有烦躁；白虎加人参汤之用石膏在于大烦渴不解，舌上干燥而烦；竹皮大丸证之用石膏在于中虚烦乱。

石膏能泻火润燥，故渴得治。白虎加人参

汤证曰大渴，曰大烦渴不解，曰渴欲饮水，白虎汤证虽未明言渴而言里有热，缘渴亦在其中。

石膏化其在中之热，气自得下而喘自治矣。越婢加半夏汤之治其人喘、肺胀，使半夏与石膏为伍，以奏破饮镇坠之效；小青龙汤加石膏以治烦躁而喘；木防己汤用石膏在于其人喘满；麻杏石甘汤用石膏在于汗出而喘，用石膏热解气自平，呕逆亦遂自止也。竹叶石膏汤证之欲吐，竹皮大丸证之呕逆，据呕吐而应用石膏之法。

总之，石膏一药，烦躁、喘、渴、吐逆可用，外感、内伤杂病可用，实证、虚证可用，男人、妇人、小儿也可用，遇热证即放胆用之，起死回生，功同金液，能收意外之效。黄某的两次高烧都是裴学义药到病除，其方中石膏一药作用非凡。裴学义在多年的临床工作中传承了孔伯华的医学思想和诊疗经验，运用石膏独具特点。

1926年，裴学义出生于北京一户普通人家，其父亲曾经在傅作义手下任职，因此家境尚可。虽然算不上富足，倒也不用为温饱发愁。

裴学义从小身体羸弱，性格内秀，父母担心他将来做不了力气活儿，又加上当时国家内忧外患时局混乱，也不知道该为他谋一个什么出路，只好先送他到朝阳门外东岳庙的私塾读书。然而就是这样一个普普通通的蒙童，日后又是如何走上从医治病救人道路的呢？又是如何成为一代中医名家的呢？这一切除了机缘巧合，最大的原因还是在于他年少志高和天资聪颖。

当时以裴家的经济状况，虽温饱不愁，但要额外供裴学义上学，也是一个不小的负担。自幼听话懂事的裴学义，深知父母的辛苦，从内心中无时无刻不体恤着家人，小小年纪，勤俭节约体现在生活中的点点滴滴。在私塾读书，为了节约买纸张的钱，他总会在青石板地砖上练字，写满了，干了之后擦掉再写。就这样日复一日，竟然也练就了一手好字。

裴学义悟性过人，他知道读书的机会来之不易，因此格外用功，打下了不错的文化基础。但是读书之后将来的路往哪里走，他和家人心里也没有底。就在这样的困惑和无奈中，一个难得的机缘向他走来，并影响了他一生，这个机缘便是他遇到了当时京城的“四大名医”之一孔伯华。

当时，裴学义的父亲与一个名叫刘义芳的人关系不错，此人家境殷实，又有一个特别的爱好，即对岐黄之术非常感兴趣。当时他正在孔伯华门下学医，是孔伯华的大弟子。裴老先生于是便动了让裴学义跟随刘义芳学医的念头：一来可以学一门技艺，将来养家糊口；二来也能懂些医术，强身健体。

刘义芳与裴家相熟，对裴学义的情况亦知一二，于是对裴家说，这孩子是块学医的材料，只是怕教不好耽误了他，还得另寻名师。于是刘义芳将他引荐到自己的师傅孔伯华那里。

孔伯华从不轻易收徒，当刘义芳把裴学义带到西四红庙孔家时，孔伯华看到裴学义长得清秀机敏，性格温厚谦让，悟性也不错，因此格外喜欢。但考虑到他年纪太小，根基还不牢靠，觉得还是应该先把基础打好。

当时孔伯华除了是大夫之外，还有另一个身份，那就是北平国医学院的院长。20 世纪 30 年代，西方医学大量涌入中国，中医的地位每况愈下，甚至面临被取缔的危险，而优秀的中医人才又奇缺，中医处于失传的危险境地。孔伯华见此情此景，心急如焚，于是联合萧龙友等中医界人士建起了一所专门培养中医人才的新式学校——北平国医学院。

北平国医学院按照正规大学的要求建制，学员必须高中毕业或具有同等学力，考试合格后方能入学。1938 年，裴学义只有 13 岁，年龄、学历都达不到国医学院的要求，然而国医学院当时开有预科，专门教授一些基础的中医古文知识和文化知识，学完预科之后便可参加国医学院的入学考试。于是孔伯华便安排裴学义跟随预科班学习，夯实基础，迎接考试。

对于学医，裴学义亦有心为之。他小的时候奶奶因为患病，医治无效去世。街坊邻里也常见因病失治或小病误治而令其家人悲痛欲绝，这些都令他心酸不已。因此有了学医的念头。那时他经常到北平图书馆看书，馆里收藏的医学典籍很多，他开始与中医学有了最早的接触。因为年纪小，文化水平有限，自学中医很是吃力。为了提高文化水平，他报名参加了当时北平一个很有名气的“三三补习班”，可以补习一些中医古文知识。补习班学费很高，家里负担不起，老师见他勤奋好学，成绩也好，便免去了他一半的学费。裴学义又听说朝阳门外二条有一个姓南的先生古文讲得很好，便又跑到那里去听讲，南先生同样看重他勤勉求学的精神，亦不收学费。就这样，裴学义打下了很好的传统文化基础。

进入北平国医学院，让一心想要从医的裴学义无比欣喜。虽然最初只是在预科阶段学习，然而他并不好高骛远，仍然踏踏实实地将学校教授的知识学好。两年之后，他以第一名的成绩考取了国医学院医科班，正式进入国医学院学习。

当时在国医学院授课的除了孔伯华、萧龙友，其他人也都是名医，如赵树屏、周福堂、任广毅、曹养舟、张菊人、瞿文楼、姚季英等。学校设置的课程门类齐全，涵盖古今，既讲医学经典，又讲临床诊断，甚至西医的解剖学、细菌学等也在其所学课程之中。这让裴学义很是长了一番见识，老师们的广学博识更是让他如饥似渴、废寝忘食，生怕追赶不上。在校四年，裴学义品学兼优，孔伯华非常满意，对他偏爱有加。

处在日伪时期的北平，日本人一心想要将中医收归己有。对于国医学院也是虎视眈眈，费尽心机，屡次三番地进行骚扰，威逼利诱，要孔伯华接受与日伪政权合作的提议。对这种有辱民族气节的事情，孔伯华决然不肯答应。国医学院被迫三迁其址，到 1944 年实在支撑不下去了便毅然停办。裴学义所在的第十一班是最后一批领到毕业证书的班级。年轻的裴学义从老师那里学到了一个民族最宝贵的东西，所以日后每当谈起先师孔伯华，他总是感慨不尽，有说不完的话。他佩服恩师医术好，更佩服恩师的医德，一生清贫，不求名利，明辨是非，有骨气。裴学义一生以先师为榜样，刻苦钻研医术，踏踏实实从医，倾尽心力育人，后来中华人民共和国第一批中医博士中的吴小琦即出自其门下，也可谓不辱师志。

拜入孔门　十一载得言传身教
初出茅庐　小荷露角出手不凡

医之为道，非精不能明其理，非博不能得其奥！

国医学院的学生毕业之后都要跟随老师实习半年，才算正式结业。裴学义毕业之后，便由孔伯华带在身边实习。

第一次随老师应诊，却让裴学义很有点泄气，因为老师所用的方药用他在学校里所学的知识完全解释不了。这让他不知所措，觉得自己是不是白白浪费了4年时间，甚至有了放弃继续学医的念头。不过，看到病人在经过治疗之后很快痊愈，让他大为惊讶。又经过老师一番辨证分析，才见识到了中医的神奇和孔老师的高明之处，更让他认识到国医学院毕业只是行医的起步而已。

孔伯华开创的孔门医学是从温病学派中脱颖出来的辛凉派。他认为，现代人的体质多属阴虚，肝热脾湿，所生的疾病也多是受到湿热困扰造成的，因此临床要更加注重辛凉芳透。孔伯华临床经验丰富，非常重视辨证，注重整体施治，用药讲究大胆准确，配伍精当。如他治普通的感冒，辨证之仔细让人瞠目，除舌、脉一般的认证之外，究竟是表重于里，还是里重于表；是湿重于热，还是热重于湿；以及性别、年龄、胖瘦等等，方方面面都要明了，然后再根据病情搭配药物。曾有一便秘的患者经多方医治无效，于是来找孔伯华。孔伯华看了方子，见都是槟榔、枳实、大黄等泻下药，于是便在此方上加了升麻，患者服下，大便即通。这些都让裴学义大开眼界，更加坚定了跟随孔伯华学习的决心。

孔伯华对于这个学生也已经观察许久，他注意到裴学义勤奋好学，悟性颇高，已经打下了很好的基础。更难得的是人品上佳，为人宽厚善良，沉静内敛，淡泊名利，对于中医是真心喜爱，这让孔伯华非常高兴，便一直有心栽培他。实习结束后，裴学义以为可以像其他师兄弟一样出师了，但却被孔伯华拉住，悄悄告诉他说，要收他做徒弟，把自己的医术传授给他。这出乎意料的喜讯，让裴学义兴奋不已。就这样裴学义择日正式磕头拜师，成了孔伯华的入室弟子，而且一学就是11年，并一直陪伴到孔伯华驾鹤西去。孔伯华一生收徒不多，而徒弟之中裴学义年纪最小，又跟随师父时间最长，因此，他是孔伯华的关门弟子。能够成为孔门弟子确是一件不容易的事。孔伯华行医数十年，医术精湛，救人无数；其不贪慕荣利，加之对中医的存续、发展贡献巨大，在中医界德高望重，想要拜入他门下的人不计其数。但孔伯华收徒，不看家庭背景，也从不收礼。他首先是看人品，看医德；其次是看学习成绩，天分如何。能够进入他的视线，并受到器重，其人品、学识都要上乘才行。

学徒的日子很辛苦。每天起早贪黑，早上早早地来到师父家，上午随师父坐诊，师父看病，他就在一旁抄方，下午跟着出诊，待一天的诊务忙完了才能回家。回到家中还要将这一天的所见所得，师父对病人的诊断和分析细细地想一遍，记牢了，才能安心入睡。

一般来说，随师学中医，最开始的两三年师父是不会跟徒弟细讲诊病细节的，徒弟只能伺候老师，帮着抄方，或者站在一旁侍诊。至于是否学到东西，全凭自己平日里是不是用心，有没有悟性了。

孔伯华诊务繁忙，出去应诊免不了带个徒弟。裴学义写得一手好字，方子抄出来工整清楚，因此，孔伯华对这个小徒弟喜爱有加，坐诊、出诊、出门讲课、到医院会诊查房，总是将裴学义带在身边，时不时地在他耳边点拨几句。裴学义则心无旁骛，学习起来格外专注用心，一点也不敢怠慢，这样他的进步非常明显。等到对裴学义的医术放心时，病人来看病孔伯华就不再亲自出马，而是先由裴学义诊断拟方，然后再由自己过目，时不时指点一下，就可让病人抓药了。

中华人民共和国成立后，孔伯华作为名老中医担任了政协委员等职务，会议活动较多，再加上年老体弱，有时也难免生病，便经常由裴学义代替门诊。时有外地医院请孔伯华去会诊，他也会让裴学义代替应诊。裴学义经过多年的学习，已经得到不少孔门的真传，因此能很好地完成老师交给的任务。

有一次，天津一位麻疹患者由裴学义代替老师出诊，他看到患者高烧不退，并伴有抽风的症状，病情很重，而之前的医生多是用薄荷、芦根、麻黄、芥穗等药物解表，没有清除病人的内热，结果药后里热愈盛，病情自然不见好转。裴学义的方中，用了孔伯华治热性病最爱用的生石膏 30g，因其既能清里热，又能透表，于是病人很快痊愈。裴学义说“这叫里清表自和”。

另有一次到山西会诊，裴学义刚下火车，医院院长告诉他病人已经昏迷，被隔离起来，估计已经不行了，不用再看了。裴学义很诧异，觉得既然来了，还是应该努力试一下。这时病人已经深度昏迷三四天，伴有抽风，高烧不退，有医生诊断出麻疹的，有诊断出水痘的，还有的说是肺炎、心肌炎、肾炎的，众说纷纭。裴学义看其舌质发红发黑，虽然症状很多，但主要是里热未清，于是用了中药“三宝”——局方至宝丹、安宫牛黄丸、紫雪丹，结果病人很快就烧退痊愈了。这让参加会诊的人又惊诧又感佩。

老师见他医术不断精进，因此，有些重症病人也敢交给他去处理。有一次天津经营米粮的大商人王某患病，每天到了下午持续高烧呕吐，看了多家医院均束手无策，只能让他出院回家。裴学义代替孔伯华出诊，见患者神志不清，浑身大汗不止，汗出即发病，辨证是阴津损耗太过，阴液亏乏，于是方中用了“三甲”——玳瑁、鳖甲、龟甲等药，病情很快好转。

1955 年，孔伯华一病不起的时候，也将自己的病交给裴学义调理，由他来开方取药，一直伺候在身旁。但孔伯华身体衰弱不济，已经不是人力可以挽回的了。裴学义最后一次给他诊脉，见出现了七绝脉，知道老师确实不行了，便跑出来哭着告诉师母准备后事。当恩师问他病情时，裴学义忍不住开始流泪，孔伯华见此情状，知道自己将不久人世，于是嘱裴学义到厨房准备清粥小菜。裴学义强忍悲伤，把浩瀚师恩都煮进了粥里，亲手为恩师端上了最后一餐，孔伯华含笑用过之后，不久便与世长辞。

孔伯华对弟子裴学义非常器重，将自己一生的临床经验，倾囊相授。临终前，他把裴学义叫到床前，嘱咐他今后仍要规规矩矩做人做事，老老实实行医；要重视医德，不要争名夺利；要知时而变，不要死守经验。

裴学义对中医事业一生执著，时刻不忘恩师临终前的教诲。

由泛而专　全心力克小儿顽疾
独当一面　慢郎中尤擅医急症

恩师去世之后，裴学义开始了真正意义上独立行医的历程。当时东岳庙后面有一个中药加工厂，需要请位坐堂医生，于是便请到了裴学义。在那里病人在前边看完病，可以到后边去抓药。但没曾想到，他这平淡的独立行医第一站，却因为中药厂的意外爆炸事件，改变了他的行医历程。中药厂爆炸后，时值全国进行公私合营，北京市成立了东城区联合诊所，裴学义被任命为所长，正式开始坐诊行医。平时坐诊，经常会受北京市卫生局的指派，奔走于不同的医院和诊所参加会诊，并协助传染病医院等卫生单位的工作，对此他从来没有一丝懈愈。由于表现突出，有人向当时北京儿童医院的诸福棠院长推荐了裴学义，诸院长将他特聘到了儿童医院工作。

1955年，石家庄地区爆发了大规模的流行性乙型脑炎，当时的流行性乙型脑炎对于中西医来说都是一个棘手的疾病，防疫工作以西医为主。但当时西医治疗乙脑，由于没有针对病原的有效药物，只能在隔离病人的同时，采取一些缓解症状的手段，因此疗效不佳，死亡率较高。即使治愈，也有相当的病人留下后遗症。

流行性乙型脑炎最早是在日本发现的，从它所表现出的症状来看，应属于中医温病的范畴，其发病季节和临床表现与中医的“暑温”、“暑风”、“伏暑”、“暑厥”等病证非常吻合，只不过在临床表现上有所区别。当时由于对流行性乙型脑炎病认识不足，有些医生辨证不明，见到流行性乙型脑炎患者高烧、昏迷、抽风，四肢冰冷，不懂得这是里热太盛，“热深厥深”

之故，而以为是伤寒证，故投之附子、肉桂等温补药，结果越治越糟，甚至有的病人因此而丧命。1956 年，北京地区也出现了流行性乙型脑炎的疫情，裴学义与蒲辅周等老中医分别负责不同的专家组，到京城各地救治病人。

孔伯华是治疗温病的大家，治疗热性病最为擅长，裴学义作为亲传弟子，接手这种病例自然也是得心应手。他结合老师治疗今人温病的经验，再经过辨证分析，裴学义和同事们发现，北京地区的疫情与石家庄地区的疫情不同，虽然都是流行性乙型脑炎，但是因为北京地区疫情发病之前淫雨泛滥，湿热很重，病人的症状都是高热无汗、渴不思饮，舌苔白腻或黄腻，脉象沉濡弦数，腹泻不止，这些属于“湿盛于热”；而此前石家庄地区的疫情属于“热盛于湿”，如果照搬石家庄地区疫情的治疗经验，过早使用苦寒药则会导致湿邪不除，反伤阴津，病情会更加严重。因此，在治疗上应该首先采用宣解湿热、芳香透窍的清热除湿药物，湿去热自退。又考虑到“乙脑”属于急性病，因此，他按照孔伯华的思路，大胆地采用了辛凉重剂，佐以芳香化浊。这样，他负责的专家组临床效果很好。之后根据这次防疫经验，他和北京儿童医院中医科的同仁们一道研制出了脑炎散和清消散，临床有效率达到了90%以上。由于成绩突出，受到卫生部和北京市卫生局的表彰。

从此以后，裴学义便开始从事儿科疾病的诊疗。因为他的基础扎实，临诊中儿科病接触得较多，所以做起专门的儿科大夫驾轻就熟。

儿科又被称为“哑科”，很多孩子生病只会哭而不能言。裴学义常常叮嘱学生和教导年轻的大夫，儿科医生的耐心至关重要。他每次问诊都做到细查、细问、仔细辨别，从吃了什么、睡觉怎样、用过什么药，到脉象、舌苔等每一个细节都不放过，并积累了很多经验。比如同样主诉肚子疼，如果患儿睡觉喜欢趴着睡，有可能是肠胃不和；如果舌苔黄白厚腻，则多为营养过剩。他还懂得小孩子的心理，每次诊病时总是笑容可掬、和蔼可亲，时不时开个玩笑，把小家伙逗得哈哈大笑，很多小患者都喜欢找裴爷爷看病。小儿疾病变化快，裴学义很有“先见之明”，他在处方时，常常考虑“治未病”。如感冒的患儿，若只是开对症的感冒药，可能还没到家就又发烧了，这时应快速全面地控制病情，遏制疾病的发展。他的这一指导思想，收到了很好的临床效果。

20 世纪 70 年代后期，乳儿黄疸病开始增多，儿童医院接诊率很高。当时治疗黄疸病主要是以西医为主，临床效果并不十分理想。裴学义迎难而上，在医疗实践中开始研究小儿黄疸病的治疗方法。黄疸病的病因多是“湿热”，孔伯华等一批老中医也曾做出过黄疸是“肝胆湿热”所致的判断。如果孕妇在怀孕期间感受湿邪，郁而化热，湿热熏蒸，传入胎儿；或寒湿阻滞，遗于胎儿；或湿热蕴郁，内积瘀阻，郁结于里，均会导致胎儿脾胃运化失常，气机不畅，熏蒸肝胆，以致胆液外泄，生成黄疸病。中医将黄疸分为“阳黄”和“阴黄”，现代人因为气候、饮食习惯的改变易受“湿热”困扰，因此，黄疸病的发生逐渐增多，临床又以“阳黄”较为多见。

治疗这种湿热病，裴学义积累了不少经验，但是如何将成人的经验运用到治疗小儿身上，还需要花费不少工夫。小儿脏腑初成，形气未充，正在生长发育，需要后天调养，如果用辛凉重剂，虽然病愈但可能会伤其根本，对患儿造成更大的伤害。他认为，小儿多为纯阳之体，无论外感风、寒、湿、热或内伤饮食，易化热化火，加之气候变化，夏季炎热，冬季应寒而暖，内外合邪，故治疗这种湿热蕴积的热性病，清利湿热为常用大法。温病学说是在伤寒学说的基础上以卫气营血和三焦传变的病机变化来反应外感热病的辨治规律的，它补充了《伤寒论》的不足，切不可将二者对立起来。裴学义一再指出，要遵古而不泥古，不以一派而非议他派，要精研历代医家经验，取各家之长灵活应用。他尤其推崇宋代钱乙的小儿“五脏六腑，成而未全，全而未壮”、“脏腑柔弱，易虚易实，易寒易热”的观点，用药上不忘“小儿之脏腑柔弱，不可痛击，尤下必亡津液而成疳”。临证中时时注意调护脾胃，顾护阴液。小儿素体蕴热，“六淫之气，皆从火化”，故以热病为多，用药应偏之辛凉。对小儿发热应首先分清风寒、风热之别，辨证重点一是看咽部，如有咽痛，咽部充血，即使有恶寒，也属热证，不能用辛温药；二是看舌苔，舌苔白腻，说明有湿热。“湿为黏腻之邪，和热难解”，要加用化湿药，使湿开热解；三是看面色，“面色白者，要顾其阳气，面色苍者，要顾其阴气”，甘寒药适当提前用。同为发烧，风寒发烧，精神好，食欲差，但化热快；风热发烧，精神烦或不振，食欲差，二者有所区别。

裴学义认为，小儿湿热，病机关键在于瘀滞，治疗重点应在于通络。他根据五脏之间的生化克制关系，认为乳儿黄疸虽然病位在肝胆，但实则与整个五脏尤其是脾胃关系密切。脾为人体后天之本，主运化，又是五脏之中最容易受湿邪所困的脏器，湿邪害人，多居于中焦。而湿热缠绵，最为难解，若能水湿得化，使得热无所附，胆汁循常道而行，则黄疸自然消除。为此，裴学义认为，治疗小儿黄疸，除了要治肝，更要治脾，肝脾健运，则湿热自除。他以“化瘀通络，利湿退黄”为治疗乳儿黄疸病的法则，取得了非同一般的疗效。他还根据小儿“脏腑柔弱，稚阴稚阳”的生理特点，仔细辨证，轻灵用药，随症加减，灵活变通，临床治愈率达到了90％以上。同时他研制出“黄金利胆冲剂”、“益肝降酶冲剂”，临床有效率达到

80%以上。很多家长对于裴学义的感激之情，难以言表。裴学义对于小儿黄疸病的攻克性治疗，曾在《人民日报》上报道过，被称之为“中华一绝”。

裴学义对于各种儿科疾病，无论是常见病还是疑难杂症，如发热、呼吸系统疾病、肾病综合征，难治性乳儿黄疸、抽动-秽语综合征等都形成了自己独特的治疗方法，疗效之佳，有口皆碑。十几年前他在北京儿童医院创办了“中医乳儿黄疸专台”，他凭借一身绝技使得无数患儿转危为安。曾经有一个刚满月的男婴患了此病，浑身皮肤暗黄、青筋暴露、四肢干瘦，多方求治无效，几近绝望的家长抱着最后一线希望找到了裴学义。3 副中药之后，患儿黄疸明显消退，半年之后，孩子的病竟然痊愈，由“金娃娃”变成了“白娃娃”。如今，这个患儿已经十几岁了，他和其他的孩子一样健康活泼，放假的时候，还经常惦记着去看看裴爷爷。

除了钻研业务，裴学义在培养人才上也颇有建树。1997年他被人事部、卫生部和国家中医药管理局确定为全国老中医药专家学术经验继承工作指导老师，所带的徒弟如胡艳、柳静、幺远、裴胜等如今都是各自医院的骨干，中国第一批中医博士中的吴小琦就出自其门下，而他的长子裴胜，也已经跟随他抄方侍诊30多年了。依据多年的临床经验，裴学义先后发表了《乳儿黄疸证治体会》、《小儿肺炎证治》、《小儿急性肾炎论治》、《中医治疗小儿脑炎后遗症》等学术论文20余篇，为了能使恩师孔伯华的医学思想得以流传，还主笔参与编撰了《孔伯华医集》。

如今裴学义虽已退休，但仍继续在为儿童患者诊治，为中医事业发扬光大尽心尽力。

轻可去实　善用辛凉清利湿热
阴阳调和　辨证辨病相得益彰

裴学义师承孔门，通过多年的学习和临床积累，从温病学派中脱颖出来，形成了一套独特的医学思维方法，不只在治疗温病上，同时在治疗内科杂症上也颇有成效。他在充分认识到现代和古代气候条件和人们体质变化的基础上，总结出现今“人多阳常有余，阴常不足，发病多见阴液不足”的病证，并从自己的临床经验中发现今人不但易受热邪侵扰，更易受湿邪所困，湿热合邪所形成的“郁热伏气”是引发疾病的内在原因。在具体的治疗上，他重视灵活的辨证论治，力主“医之治病，首先在于认证；将证认清，治之则如同启锁，一推即开”。治热与治湿“既需两相并举，又需分辨孰重孰轻，随证变通，不可一执”。他更重视诊治时的整体观念，强调一定要护足病人的元气，元气充足，“内膝闭拒，虽大风苛毒，弗之能害”。

裴学义深刻认识到“知时而变”才是孔门医学的精髓所在。气候的变化，人们生活方式的改变，这些都会对人们的体质造成影响，自然人们所患疾病的病因、病机、证候表现也会有所变化。

古时地广人稀，地冻天寒，人们的生活条件较差，因此多是因寒而伤的“真伤寒病”。但是到了现代，气候逐渐转暖，特别是近些年来全球“温室效应”加剧，各季节的气温都明显上升，即使是冬天寒邪也逐渐减少。而人们的生活水平也日渐提高，甚至比起孔伯华的年代也有了非常大的改变。人们在饮食上肥甘厚味摄入过多，体力劳动强度大大减少，脑力劳动强度增加，内因外因都会导致人们形成“痰饮内聚，腠理疏松”的体质。因此今人患病，多阴虚阳亢，易受湿热二邪困扰。

由孔伯华开创的孔门医学属于寒凉派，北京的“四大名医”中，孔伯华以擅治温热病著称。他对于温热病的产生、传变、治疗和用药都有很好的经验。裴学义将之发挥到小儿温热病的治疗当中，取得了很好的疗效，对于小儿外感热病也形成了自己独特的认识。虽然“内热、湿热者多”的结论看起来简单，但是到底是热还是湿，是有热有湿，湿热合邪，还是湿盛于热，热盛于湿……只有把这些问题认识清楚了，才能制订具体的治疗措施。因此，裴学义继承孔伯华精于辨证的精髓，认为治病先要“详辨证”，然后“分湿热”，最后治以“芳香淡渗，湿开热解”。

裴学义将清凉治温热的用药原则与小儿患病的特点结合起来，在坚持前人经验的基础上又有所发挥。他认为小儿生机蓬勃，发育旺盛，患病以后常为实证、热证，而且容易出现阳热亢盛及津液耗损现象。因此，在临床上十分注意寒凉清热、酸甘化阴，反对妄攻峻补，损阴竭津。同时注重用药升降并用，使人体气机调和，脏腑功能恢复正常。

如他治疗厌食症，常在健脾开胃的基础上加用滋养胃阴、清解五脏之热的药物。他认为，虽然导致小儿厌食症的原因很多，但主要是家长爱子心切，盲目投以肥甘厚味，如过食糖类、煎炸黏腻食物或滥服补药，对于孩子的过分要求也从不限制，结果对脾胃造成了沉重的负担，而使得胃阴受损。胃之阴津受伤，则受纳失职，纳谷呆钝，因此，在处方中他常加用神曲、草豆蔻、砂仁、焦山楂、鸡内金、生麦芽、谷稻芽、外加石斛、麦冬、玄参、生地黄、青黛等，使全方清补而不腻，养胃而不碍脾。

再如他在止咳化痰方中加石斛、天花粉、

麦冬等滋养胃阴，使胃中津液得以濡养，无虚火上炎伤肺之患，肺津得复则痰易咳出。

他临证时常用辛凉芳化之品，清透外邪，同时顾护阴分，但小儿身娇体弱，用药更要讲究分寸，应尽量避免用苦寒直折之品，应选用药性平和，又确有其效的药物。例如小儿发热一症，他常用银翘散加生石膏，3 剂药后患儿即脉静身凉。另外还用生石膏配辛夷治疗肺胃郁热的鼻渊；配鲜茅根、荷叶治鼻衄；配莲心、竹叶、青黛治心胃热盛的口舌生疮等等。

裴学义常教导学生：小儿脏器轻灵，随拨随应，但能确得其本，则一药可愈。儿科用药少用苦寒，多用甘寒，药少力专，中病即止，更要记住“轻可去实”的原则。“轻可去实”一词出自南北朝时期中医大家徐之才的《药对》一书。所言“轻”，指薄荷、荆芥穗、麻黄等轻扬宣解、解表发汗一类方药，“实”则泛指病邪。后世医家对这一治法多有心得，其中清代医家吴鞠通总结前贤经验，提出“治上焦如羽，非轻不举”，成为名言。

小儿的生理特点为稚阴稚阳，病理特点为病变迅速、易虚易实。用药稍有不当极易损伤脏腑功能，即稍呆则滞、稍重则伤，从而加重病情。小儿稚阴未长，稚阳未充，脏腑娇嫩，形气未充，故用药不仅要及时、辨证准确，还要掌握好用药的一个“轻”字，即用药宜力求精练轻巧，方药专纯。如外感风寒所致风寒束表，只需轻轻几味解肌疏表药，每味几克，达到辛温轻宣发散就可以了；反之药多而重浊，发散太过，病非但不愈，反而会加重病情。

裴学义认为，“轻可去实”之意不仅仅应用于“上焦非轻不举”，还可用于病证初起、病邪轻浅之证时。如小儿偶伤饮食，则用山楂麦芽汤消食；偶感暑气，则用六一散、广香汤清暑；偶感风热，则用灯心竹叶汤清火；偶患腹泻，则用陈茶佛手汤调和肠胃等等。病证初起，邪未立足之时，用轻捷方药去之，愈病于初萌阶段，疗效迅速。

“轻可去实”还可用于危重病患者、小儿素体虚弱和脾胃运化乏力者，因不耐药力，宜选用药性缓和、剂量轻微的方药缓图其效。

“轻可去实”还可用于厌服中药的小儿，对这些患儿不但要耐心说服，使其配合治疗，同时还要在辨证准确、用药对证、药精量轻、服用方便上下工夫，采用质地轻灵、与谷食同气、轻淡平和、患儿乐于接受的方药。

儿童常见的疾病中，以发热病尤为多见，而且病因复杂，治疗起来也很棘手。裴学义认为，儿童脏腑娇嫩，形气未充，本身阳气就盛，感受外邪，容易发病；且邪气易从阳化热，从温化火，邪热内蕴则高热，烦躁，头痛；邪陷心包则神昏谵语，惊惕；引动肝风则四肢拘挛，抽搐，甚则角弓反张。很多疾病都可伴发此症，如上呼吸道感染、肺炎、脑炎、肺（或肝）脓疡、麻疹等，严重者可演变成热急生风、热深厥深之症。

至于小儿外感热病的发病原因，裴学义认为，除一般的六淫之邪侵袭人体外，气候变化，夏季炎热，冬季不寒的环境变化，一年四季温邪都可能侵袭人体。他结合多年的临床经验，认为小儿常见的感冒多是风热感冒，单纯的伤寒感冒临床已不多见。

裴学义曾经诊治一长期发热的患儿李某，男，14 岁，发热两月余，体温多在 37.5℃～38℃，下午体温偏高，曾用抗生素治疗月余，效不著，查末梢血象、X 线胸片、结核菌素试验等均无异常。就诊时见患儿精神弱，少气懒言，诉头晕沉，记忆力下降，口微渴但不欲饮，食欲尚可，二便正常。四诊所见咽微红，舌质淡红，苔白腻。辨证属于气机阻滞，湿重于热。立法：清利湿热，宣畅气机。

方用三仁汤加减：杏仁、薏苡仁各 10g，蔻仁 6g，鲜芦根 30g，滑石、青蒿、鳖甲、地骨皮、苍术、知母各 10g，半夏、橘红各 6g。服药两周，体温降至 37℃以下，舌苔薄白。在前方基础上去半夏、橘红，加金银花、连翘各 10g。继服药一周后，体温正常，精神好转，其余诸症尽除。

这个病例中裴学义正是抓住了舌苔白腻、辨为湿重于热这一病机，宗三仁汤之法，以杏仁开上焦肺气，鲜芦根清上焦邪热，蔻仁、半夏、橘红、苍术宣化中焦湿浊而利气机，薏苡仁、滑石、知母渗利下焦之湿以泄热，青蒿、鳖甲、地骨皮清透阴分邪热。众药相和，从而使上下分利，湿化热清。

在裴学义治疗的病人中，常遇到某些患儿表现发热持续十余日不退，实验室检查各项生化指标均正常，或某些患儿表现反复发热两周或一月一次，或咳或不咳，常伴咽赤、舌红、苔白、脉数等。此两类发热临床上用西药很难奏效或不易控制复发。而裴学义抓住湿热的病机，确立矛盾的主要方面，用辛凉清热、甘寒育阴之法却收到较好的疗效，表现出他独到的诊疗水平。

辨证论治，除了因病而辨，因人而辨，也要因时而辨。季节不同，儿童所患的疾病也有所区别。如冬季每遇寒流袭来，他对外感患儿常加用少量麻黄、紫苏叶、紫苏梗等辛温解表散寒药；夏季暑湿偏盛，多用藿香、佩兰等芳香化湿药，对伴吐泻者加竹茹、六一散淡渗利湿药；春季多风则选用解表祛风药；秋天多燥则随证加润脏之品。

裴学义认为，辨证论治不能只见病不见人，治病应该对症下药，但是也不能为了治病而治病，治病是为了让病人恢复健康。如果只是为了求一时之快，治好一病却给病人留下其他隐患，是对病人不负责任的表现。因此，临床治疗还需要从整体出发，考虑治疗措施，既要根除病邪，又不能留有隐患。这种认识与孔伯华讲求“整体”的观念一脉相承。

对儿科疾病的辨证，比起成人来难度要大。裴学义在诊治小儿疾病时，常常根据小儿的神色形态来了解其体质强弱，结合舌诊脉诊来区分是偏于阴不足还是偏于阳不足。他总结出，若患儿神采奕奕，语音洪亮，形体矫健则体质较强；反之若精神萎靡，语音低微，形体肥胖或过于消瘦，动作迟缓则体质较弱。形体偏瘦，舌质偏红，脉细者是偏于阴虚的体质，易感受火热类、燥类病邪，用药时要注意保护阴津；形体肥胖、舌胖大有齿痕者，偏于阳虚痰湿内盛，易感受湿热类病邪，用药侧重于清利湿热，芳香化浊。治疗时，要针对不同体质，采取不同的治疗方法，对体质强者可以祛邪为主，邪去而正自安；对体质弱者则应先扶正而后祛邪，或扶正与祛邪并进。

外邪袭人有发病者，有不发病者，裴学义

认为这与个人的体质强弱有很大关系。因此，他在临证之时非常重视患儿的体质因素。体质较好且正气强者，不易感受外邪而发病，即使发病病情也会较轻；而体质较差者，如先天禀赋不足，后天长期营养失调，或大病久病之后元气未复，体内正气抵御外邪能力降低，则易感受外邪而患外感热病。另外，体质强弱，感受温邪，所患疾病也会有所区别，如形体较瘦者，偏阴虚，易感受火热类、燥类病邪；形体较胖者，素体脾胃湿盛，较易感受湿热病邪，而导致湿热病。可见，易感之邪气不同，或感受同样病邪，因体质不同而病证各异，裴学义认为，辨治小儿温热病，首先要识病因、辨体质。

温热病变化迅速，证热重笃，病程较短，故临证应准确辨证，透邪外达，截断邪之去路，勿使深入。但温热发病时常有兼夹证，如夹痰饮，夹食滞，在兼证中尤以湿热合邪之杂气相感最难速解，因此，临证时辨明湿与热孰重孰轻至关重要，因其遣方用药有所不同，失之毫厘则谬之千里。

对于如何祛除湿邪，裴学义认为，湿邪在表可用芳香宣透，以开逐之，使湿从表出，热无所依随湿而解；湿在里，湿重于热可化气渗湿，佐以清热；热重于湿则以清热为主佐以化湿；湿热并重，则清热化湿同时兼顾。湿热之邪虽最易伤阴，但湿热合邪为患唯不可养阴生津，恐甘寒有伤脾胃又助湿邪；也不可妄攻汗，恐阴阳俱伤，黏着之湿邪不去，反致气血两虚；不可妄下，恐攻下更伤脾阳，误致中气下陷而洞泻，或损伤阴络而便血。

根据温病的传入特点，裴学义将之划分为三期，并依病情确立了治疗大法：温病初期用辛凉解表，极期用清透气热或苦寒直折里热，后期用甘寒或咸寒增液救阴兼清郁热，其目的在于透邪外达，顾护阴津。他常用以下辛凉六法治疗发热：

（一）解表法：发热多为阳证，火热偏盛，因此一般发热初期必先解表。热在表者当散之，方选桑菊饮、银翘散、藿香正气散加减等。

（二）辛凉清热法：清热法为退热的主要方法。辛可散可行，凉（寒）可退热，常用药物有生石膏、芦根、黄芩、薄荷、寒水石、金银花、连翘、野菊花、青蒿、地骨皮、白薇等。但在临床中还要根据患儿的具体情况进行加减，如佐以辛温之品助其发表透热，佐以甘润之品清热而生津，佐以补益之品以扶正祛邪，散清而不伤正。

（三）解毒法：火热过甚便是毒，清热与解毒常配合应用，此法用于因热毒而致的高热，常用药物有大青叶、板蓝根、金银花、连翘、紫草、紫花地丁、黄连、薄荷、僵蚕等。裴学义常用黄连解毒汤治疗病毒性脑炎、流行性乙型脑炎、败血症、肺炎、痢疾等所致的高热；

用普济消毒饮治疗流行性脑脊髓膜炎、腮腺炎、化脓性扁桃腺炎等；用清瘟败毒饮治疗斑疹等。

（四）开窍法：温病之邪内陷心包必扰神明，心失轻灵之常多见高热烦躁、神昏谵语、舌謇、肢厥等症。常用药为石菖蒲、川郁金、朱砂、琥珀、胆南星、天竺黄、藿香、佩兰等。代表方剂如安宫牛黄丸、至宝丹、紫雪丹之类芳香开窍，清热化浊。但三药主治略同又各有所长，还要对症下药。

（五）泻下法：大便秘结者于退热方剂中兼用泻下之药（虚脱者除外），则收效迅速。但用泻下药必须根据病势的轻重、年龄的大小、体质的强弱而定，用量太小药力不够难以收效，太大则损伤元气，伤其津液。因此，最宜用一些辛苦甘平的润肠通便药物，如郁李仁、火麻仁、瓜蒌、白蜜等。对热势高、燥结重者可用大黄以通便降热，但用量上要严格把握，一般1岁每日服1g，4岁每日服1.5g，6岁每日服

2g，8 岁每日服 2.5g，12 岁每日服 3g 左右。对习惯性便秘或大便不畅者可用玄明粉。

（六）育阴法：发热疾患多属阳邪，势必销铄阴液，所以发热中后期养阴尤为重要。裴学义认为，阴液不伤或虽伤不甚，便可抵御邪热不致深入，其病即轻浅易愈。若阴液大伤无以制阳则阳热更亢，其病尤重难疗。他常用青蒿、鳖甲、地骨皮、白薇、银柴胡、炒常山、玄参、生地黄、牡丹皮、鲜芦根等，育阴兼以退热，阴复津生而病告愈。

小儿发病传变迅速，临床上一定要懂得变通。如在温热病初期见口渴、舌苔薄黄，说明病邪已有转入气分之象。若气分热盛，高热不退，又见心烦不寐，舌质红绛，说明病邪有传入营血之势，从医者不可不察。

儿童发热，常常反复，对此，裴学义采用调理脾胃、培补后天的方法从本图治，疗效颇佳。用药特点是运脾而不补脾，开胃而不滋腻。

常用药物有黄精、生麦芽、生谷芽、生稻芽、神曲、草豆蔻、砂仁、木香等。黄精平补肺脾肾，从而提高免疫力；生麦芽、生谷芽、生稻芽既可开胃消食，又可生发胃气；神曲、草豆蔻、砂仁、木香助脾之运化。

辛凉之品易于伤身，小儿脏腑功能较弱，使用之时更要慎之又慎，裴学义对此总结为：

（一）祛邪不要伤其胃气：用辛凉法治疗小儿发热疗效好、见效快，但要时时注意顾护患儿的脾胃之气。脾胃为后天之本，是生长发育之关键所在，要把握好辛凉之品的用药时机、剂量和方法。

（二）发散不要太过：解表发汗是退热的方法之一，但发散不要太过。如果太过轻则津液受伤，重则大汗亡阳，病证丛生。而且汗多表虚，卫气不固，表反不解。

（三）育阴不要太早：育阴也是退热的方法之一，但必须用于热邪入里、阴液耗伤之际。

若表证未解，阴液未亏，滥用养阴之剂，则易生弊病。

（四）不要过用寒凉之品：温热之病用寒凉药为正治，但也要根据病之轻重、热之高低来确定剂量大小。若过用寒凉，则易犯寒凉遏抑之弊。

（五）不要滥用峻泻之品：通下本是退热的方法之一，把握峻泻时机及用药剂量是关键，以防洞泻不止，伤其正气。

（六）不要妄用温补之品：发热疾患多属阳邪，温补之剂能灼阴助热，留恋病邪，危害甚大。如确有其虚当慎重用之。

治病求本　脾胃为重由中取傍
统筹兼顾　既见树木又见森林

大凡行医之人，都明白“治病必求于本”乃坚守不可移易的法则。而治病求本并非单纯意义上的查找病机病因，或者根本原因，这里的“本”乃是指的“人身之本”。

中医论治讲究不能只见树木，不见森林，只见“病”，不见“人”，要照顾病人的整体。因为人体各个部分，相互关联，彼此相互依存，共同维持人体的各项机能，同时也相互影响，一损俱损，一荣俱荣。只有人体的各项功能运转正常，才能元气充足，从而外邪不侵，内邪不生。因此中医辨证，一定要有整体观念，要从人体五脏之间的关系中把握病机所在。

“人之一身，其本有二，先天之本在于肾，后天之本在于脾。先天之本以生之，后天之本以养之。”人之有本，犹树木之有根，水之有源，一旦遇病，求其本而治之，其支流末疾将不治而愈。倘若不求其本，不知病之所在，模棱两可而治之，恐“虽有治病之名，永无治愈之效，重则病未除而命先尽”。而“治病必求于本”从另一个层面来解读，则是指要认识到内因才是疾病产生的根本原因。孔伯华曾经基于今人多受湿热二邪的困扰，认为内因是根本的，“脾湿”和“肝热”是导致人体发生一切疾病的两大主要因素，并根据五脏之间的生化克制关系，提出了“脾胃有病必系于肝，肝病必系于脾胃”的观点，而他在遣方用药之时，多从调治肝脾胃入手，无论外感温病还是内科杂症，效若桴鼓。裴学义深得孔师精髓，更有所发挥，临床论治，无论成人还是小儿，都非常重视对脾胃的调治和保护。

脾胃是人体吸纳运化五谷精微的关键，脾胃健运，才能为人体提供充足的养分，使之体质强健，抵御病邪。药物的吸收和作用，同样需要通过脾胃才能抵达病所。裴学义重视脾胃，不仅仅从五脏之间的生克关系寻求病因、病机以及治疗措施，更重要的是从“脾胃为后天之本”的意义上，寻求在治疗疾病中的作用。因此，无论治何病，裴学义总是要考虑到对脾胃的顾护，在他治疗小儿疾病的方药中，几乎每方都有神曲。小儿出生之后，先天有赖于后天的补充和营养。而小儿脏腑娇弱，脾胃吸收运化能力不强，如喂养不当，易患积滞，不但脾胃有病，影响其发育成长，更易导致其他疾病。裴学义常常结合小儿的生理病理特点，不仅在治疗吐泻、厌食、腹痛等脾胃疾病时重视脾胃，在治疗咳嗽、乳儿黄疸，以及抽动-秽语综合征等某些神经系统疾病时，亦常从脾胃图治。他对于药物的选择，也多考虑那些药性甘平之品，尽量少用大苦大寒之药，唯恐对小儿的脾胃造成伤害。

乳儿肝炎综合征临床多见，中医学认为，本病多为体内湿热蕴结，侵犯脾胃肝胆，致使脾胃升降失调，肝胆疏泄不利，导致胆汁不循常道而外溢，浸溢肌肤而发为黄疸。其病机是瘀滞，治疗重点在于通利。当化瘀通络，利湿退黄。本病的外在表现为肝胆，实则在脾胃。裴学义在治疗用药时，十分注重脾胃，在退黄方中选用清湿热、利肝胆而不伤脾胃的茵陈、金钱草、通草、黄柏，并常用生麦芽做辅药，因生麦芽具有生发脾胃之气，健脾养胃、消食和中之功，同时又可疏肝理气。对于脾气虚弱严重者，出现呕吐、腹泻的患儿，加用茯苓、白术、肉豆蔻、莲肉、黄精、伏龙肝等健脾益气。脾气健运，肝气条达，水湿得化，热无所附，胆汁循常道而行，则黄疸自消。

又如对难治性乳儿黄疸病的治疗，裴学义

常采用活血化瘀法，且根据病儿的体质不同，用药而有所区别。对于那些病程较长、黄疸较重、体质较弱的病儿，所患黄疸多属阴黄，表现为腹泻者，他常在退黄基本方中加入赤芍、丹参、血竭、青黛、明矾。血竭甘咸平，入肝、心二经，能和血散瘀，敛疮定痛。青黛咸寒，泻肝散郁火。明矾除收敛止泻之外，亦有化瘀、收涩之功。考虑到幼儿脾胃虚弱，因此药量不宜过大，一般0.3g即可。对于体质特别虚弱的小儿，还要适当佐以扶正之品，如云苓、白术之类，以达到邪祛正安的目的。而对于那些体质强壮的患儿，所患黄疸多属阳黄，因此，除在基本方中加入血竭、青黛外，还可以加入广角（现已代用）。广角性酸咸寒，能清热凉血，定惊解毒，治热入血分之发黄最为相宜。对于黄疸久治未退，而又表现热盛之体，用之颇佳。前两味药剂量可大些，如0.6g左右，广角可用1g。同时茵陈也可适当加量。总之，既要清化湿热，又不要伤害正气，尤其不要妄用苦寒药，以免徒伤胃气。

如一难治性乳儿黄疸病人，在经过西医治疗后转求中医。当时患儿皮肤巩膜重度黄染，晦暗无华，体质瘦弱，体重只有 4.3kg，神疲嗜睡拒乳，尿色深黄染布，大便为白陶土色，腹部膨胀，青筋暴露，肝大右肋下 4.5cm、剑突下 2.5cm。舌质红，苔白厚，指纹紫滞。裴学义辨证后认为是肝胆湿热瘀积发黄。治宜化瘀通络，利湿退黄。处方：生麦芽 9g，茵陈 12g，金钱草 9g，通草 4g，黄柏 4g，丹参 4g，泽兰 9g。水煎 15 分钟取汁 90ml，另加明矾、青黛、血竭、琥珀各 0.3g，研面兑入上汁服用，每日 1 剂，每服 30mg。治疗半月后，患者大便转为黄色。又以上方加减，治疗一月余，患儿皮肤巩膜黄染完全消退，面色红润，体重增长到 4.9kg，复查肝功正常，病告痊愈。

小儿肾病综合征，中医学认为多属“水

肿”、“虚痨”、“腰痛”等范畴，为水精输布失调之故。而肺、脾、肾是水精输布的主要脏器，其标在肺，其制在脾，其本在肾，三者其一出现问题，均可发病。裴学义总结临床所见，认为因脾湿而导致肾病综合征的最为常见。因此，他治疗本病，常抓住脾湿这一病机。因脾主运化，脾虚则运化失职，水湿停滞，瘀积于内，溢于四肢、肌肤，发为水肿。因此，治疗轻度的肾病综合征，裴学义常从脾论治，效果显著。如果病情较重，属于肾气虚弱不能温水化湿，造成水无所主，阴气弥漫，水肿反复发作者，则需在健脾的同时加温肾行水之品。他常根据病情发展的不同时期，并结合患儿体质等情况，拟方用药。

病情在浮肿期主要是由于肺失宣降，脾失运化，水湿泛滥，治以宣肺健脾利水。用药侧重于中上二焦，肺脾二脏。常用麻黄（或浮萍）宣肺解表利水，以“开鬼门，洁净府”，用五皮饮健脾利水，以皮行皮。常用处方为：生麻黄1～3g（或浮萍9g），连翘9g，赤小豆30g，姜皮9g，茯苓皮9g，大腹皮6～9g，五加皮9g，桑白皮10g，车前子（包）15g。对水结之顽症，他主张用药应顾其所急。患儿虽病久体虚，但水湿泛滥严重，故应标本兼治，以防脾肾愈加被困。因此方中多加用逐水之峻药炙甘遂或走肾利水之良药肾精子以解五脏六腑之急困。对头晕、脉数，血压偏高者在方中加入石决明、蒺藜、菊花等以镇肝息风，防止高血压脑病的发生，从而切断病之传变。

病情属蛋白尿期（浮肿已消退），证属脾肾两亏，下焦湿热亢盛。治以健脾补肾，清解下焦湿热。用药偏于中下二焦，脾肾二脏。此期处于正虚邪实之时，虚为脾肾亏损，实为下焦湿热亢盛。故用药虚实兼顾，扶正与祛邪并行。处方：草豆蔻4g，砂仁4g，谷芽、稻芽各9g，肉桂4g，石韦30g，苦参9g，凤尾草9g，倒扣草 30g，芡实 9g，土茯苓 15g，桑寄生 30g，茯苓皮 9g。方中石韦、苦参、凤尾草、倒扣草均为苦寒入下焦之品，能清热祛湿，顾护下焦。芡实、生山药可补脾走肾涩精。草豆蔻、砂仁、桑寄生可健脾补肾以励先天、后天之本而增加抗病之能力。对伴有血尿的患儿，他提出在早期一定要避用单纯止血之炭药，以防闭门留寇。应该清热凉血而止血，用鲜茅根、牡丹皮、赤芍、大小蓟等。对于久病正虚，舌质偏淡可加用血余炭、蒲黄炭而收敛止血。

恢复期（激素减量期）：证属肾阴亏虚，下焦余热尚存。治以滋养肾阴兼清下焦余热。处方：枸杞子 9g，金樱子 9g，菟丝子 9g，覆盆子 9g，五味子 9g，生地黄、熟地黄各 9g，紫河车 9g，生海蛤 30g，山茱萸 9g，生牡蛎 30g，生知母、生黄柏各 6～9g。以补下焦肾脏为主。由于本病病程较长，虽邪气已退，但正气也被耗伤，而小儿又为纯阳之体，生机旺盛，故在此期应偏于滋养肾阴，清解余热。选用五子衍宗加生地黄、熟地黄、生海蛤、生牡蛎、山茱萸、生知母、生黄柏等。

临证加减：浮肿顽固不消可加炙甘遂末4g冲服，肾精子（牛肾结石）5～10粒；阴囊肿甚加抽葫芦30g；腹水明显加橘核9g，木香4g；下肢肿甚加防己9g；神倦怕冷加附子4g；头晕、脉数、血压偏高加石决明18～30g，蒺藜9g，菊花9g；血尿明显加鲜茅根30g，大蓟、小蓟各9g，莲须9g，淡豆豉12g，三七粉3g；血尿日久，舌质偏淡加血余炭9g、蒲黄炭9g；伴咳嗽、气急加葶苈子6g，赭石9g。

患儿王某，男，13岁，因患肾病综合征来诊之前一直口服大剂量强的松及静点环磷酰胺，效果甚微，被列为病危抢救患儿。其临床表现为高度浮肿，不能下地，腹部肿胀可达胸膺，阴囊肿大如皮球状，患儿面色皖白，神疲力促，喜暖怕冷，食欲不振，大便溏泻，舌质淡，苔白，脉沉无力。裴学义辨证为脾肾阳虚，三焦气化失调。治宜温肾健脾，调畅三焦。

处方：肉桂 4g，草豆蔻 4g，砂仁 4g，浮萍 9g，大腹皮 9g，姜皮 9g，茯苓皮 15g，车前子 15g，橘核 9g，炙甘遂末 4.5g，分冲。

二诊：患儿服上方 7 剂后，浮肿较前消退，已能下床，舌质淡红，舌苔较前厚腻，脉滑略数。前方加滑石、薏苡仁各 9g，抽葫芦 15g，木香 4g。

三诊：服药一周后患儿浮肿进一步消退，精神明显好转。继服上方 7 剂。

四诊：患儿浮肿已完全消退。改方如下：石韦 30g，苦参 10g，凤尾草 15g，倒扣草 30g，生山药 30g，芡实 9g，萆薢 10g，生牡蛎 30g，橘核 9g，乌药 9g，生海蛤 30g，炮姜 9g。

五诊：患儿连服上方 14 剂，尿蛋白转阴，强的松减量而出院，以后患儿每月复查 1 次，连续三个月未见复发。

对治疗咳嗽痰盛的患儿，裴学义更是注重脾胃功能。《黄帝内经》云："五脏六腑皆令人咳，非独肺也。"咳嗽，属于呼吸系统疾病，临床一般从肺论治。但《黄帝内经》认为咳嗽不只是由肺引起，五脏六腑不适都可以导致咳嗽。小儿脾胃素虚，易被乳食生冷、积热所伤，导致运化失调，水谷精微不能输布，反而酿生痰浊，上贮于肺，或为外邪所诱发，壅塞气道，致使肺气不能宣降而引起咳嗽，即所谓"脾为生痰之源，肺为贮痰之器"。故小儿咳嗽应一半治肺、一半治脾胃，若仅用或早用止咳敛肺之药可能会很快奏效，但以后每遇气候之变化可引动中焦，外邪之侵扰，则痰浊又发咳嗽。因此治疗本病一定要实脾健胃，裴学义常以鲜芦根、前胡、杏仁、枇杷叶宣肺化痰为基本方，而加用半夏、橘红、焦山楂、鸡内金、草豆蔻、砂仁、炒莱菔子等实脾健胃，标本同治。如此而治，患儿受益无穷，咳嗽往往不易再发，或发而较轻。

裴学义在治疗抽动-秽语综合征等儿科疑难病症时，深入挖掘中医理论渊源，结合临床证候特点，总结出自己独到的见解，应用于临床治疗，每能收到很好的疗效。

多发性抽动-秽语综合征，又名冲动性肌肉痉挛、进行性抽搐、多发性抽动综合征，是近些年来儿科常见的一种疾病。临床表现特点为不自主、反复、快速、多发性的运动肌抽搐，并伴有发音和语言障碍。发病年龄多在儿童或少年时期，男性多见。发病机制目前尚不清楚。西药一般采用对症治疗，常易复发。裴学义对本病进行了深入的研究，根据古典医籍等文献记载，如《素问·至真要大论》云："诸风掉眩，皆属于肝"。《小儿药证直诀·肝有风甚》指出："凡病或新或久，皆引肝风，风动而止于头目，目属肝，风入于目，上下左右如风动，不轻不重，儿不能任，故目连札。"《幼科证治准绳·慢惊》指出："水生肝木，木为风化，木克脾土。胃为脾之腑，故胃中有风，瘈疭渐生。其瘈疭症状，两肩微耸，两手下垂，时复动摇不已，名曰慢惊。"裴学义认为此病当属痰证、内风范畴。病脏在肝、脾。肝体阴而用阳，主藏血，喜条达而主疏泄，肝失疏泄，气血两滞，郁而化火，火极生风，故见肢体抽动、摇头耸肩、瞤目、眨眼、心烦易急。脾主运化有赖于气机的条达，肝气横逆，脾失运化，化源失利，水湿不行，则痰浊内生，上逆于脑，蒙蔽清窍，可见抽动伴口出秽语，怪声呼叫且不能自止。针对病机主要采取清肝热、息肝风、化痰浊之法治疗。药用钩藤、僵蚕、全蝎清肝热，息风定痉，化痰通络；石菖蒲、郁金调畅气机，开窍化痰；莲心清心经之浮火。对于痰湿盛，痰浊上扰者则重用二陈、胆南星、天竺黄、礞石、海浮石等化痰涤痰之品。临证时注意随证加减，如有外感等新病相加，则当先治新病，否则易致外风引动内风而使病情加重。另一方面还要加强心理治疗，帮助患者及家长建立战胜疾病的信心，避免过度的精神刺激等。

未雨绸缪　因人制宜精巧玲珑
法异无辙　医坛骁将兼善杂症

中医治疗疾病的一个重要原则是“治未病”。其意有二：一是“未病先防”，平日注重增强体质，预防疾病的发生；其次是在疾病发生后，要时刻注意病情的变化，治疗时往往要预测疾病所传的脏腑，在没有传变的时候注意预防。裴学义十分重视“治未病”，尤其是对疾病的发展预测，每每心中有数。如对感冒咳嗽的病人来应诊，四诊过后，裴学义常会提醒病人，下午一定会发烧，嘱其按时服药。病人回去之后，下午果然开始发烧，服药后，常可达到立竿见影的效果。要想做到有的放矢，将自己的治疗预案实施在疾病变化之前，全看一个医生的经验和对“火候”的把握。太过则用药过猛，容易对病人造成其他伤害；太慢则会滞后于病情变化，药不对症，致使病情加深。要想把握得当，非积学有年而不能达到。

辨证论治，不但要准确掌握疾病的阴阳属性，当下的表里虚实寒热情况，同时还要对病人的体质、年龄、生活的地域等因素进行综合考虑，要认识到疾病是一个不断发展变化的过程，临证立法和用药不但要随之变化，而且要对用药后病情的发展有所掌握，这样才能使病邪无所遁形。

人们多认为裴学义为儿科专家，但业内人士都知道，他是一位名副其实的全科大夫。孔伯华在治疗外感温热病、妇儿内科杂症等方面都有很深的造诣，得其真传的裴学义自然也是如此，只是在进入儿童医院之后转向儿科，并在这一领域里作出了突出贡献。他在治疗成人的各种疾病方面也颇有奇效，特别是妇科疾病有很多独到之处。

裴学义治疗妇科疾病的思路与治疗儿科疾病的思路一脉相承，认为现代妇科病主要是由于阴虚、肝热、脾湿所致，除了注重辨证，临证治疗常用滋阴柔肝、清透内热、芳化淡渗之法。

女子月经不调，多由子宫虚寒，经血凝滞；或冲任失调，经血失养。治疗既要活血化瘀，温宫暖中，又要健脾养肝，调和冲任，使血生有源，冲任充盛，胞脉通畅，则经血自行。常选用桑寄生、杜仲、川续断补益肝肾以助先天之本，使经血生化有源；用细辛、椒目温中理气；花蕊石、红白鸡冠花、桃仁、红花化瘀通经。

如某女，30 岁。月经每 2～4 个月一行，行经色暗有血块，腹痛，舌质暗红，苔薄白，脉沉缓。经辨证认为肝郁气滞，冲任失调。治以活血化瘀、疏肝理气之法。

处方：鸡血藤 30g，桃仁 10g，红花 10g，当归 10g，川芎 4g，柴胡 4g，郁金 10g，红白鸡冠花各 10g。服药两周后，月经至，行经血块减少。又调理服药一个月，以后月经按期而至，无不适。

又如青春期继发性闭经症。高某，14 岁，月经闭止一年余。11 岁月经初潮，约半年后基本建立正常月经周期，30～35 天行经一次，每次行经 7 天，经量偏少，颜色正常，一年半前出现月经稀发，2～3 个月行经一次，逐渐月经消失。查各项指标均在正常范围，做 B 超显示子宫发育正常，双侧卵巢未见异常。曾用益气养血、调补肝肾类中药治疗两月，未见效果。裴学义接诊后，见患者形体偏胖，面部有痤疮，情绪低落，郁闷不舒，自述自闭经后身体较前发胖，平素白带量多，质稠色白，饮食、二便均正常。舌质略暗，舌苔白厚。辨证为湿热壅阻，肝气不舒。拟理气疏肝，活血通经，清血分湿热。

处方：青皮 10g，柴胡 6g，郁金 6g，赤芍、白芍各 10g，赭石 10g，鸡血藤 30g，益母草 30g，当归 10g，川芎 4g，桃仁 10g，红花 10g，川牛膝 10g，川萆薢 10g，赤小豆 30g，牡丹皮 10g。水煎，分两次温服。

服药 7 剂后月经来潮，量少色暗，伴腹痛，3 天而止，情绪较前好转，舌苔转为薄白，即用前方加红白鸡冠花各 30g，鲜茅根 30g。服药 5 周，月经来潮，行经 5 天，经量较前增多，有血块，伴少腹坠痛，情志舒畅，痤疮基本消失，白带较前减少，舌质暗，舌苔薄白。拟健脾祛湿、养血活血法继续服药两个月，经期停药，半年后随访，月经按期来潮，30～35 天行经一次，经色经量均正常，经期腹痛消失。裴学义在疏肝理气、活血通经的同时注重祛除病因，用赤小豆、赤芍、川萆薢从血中化清湿热，正所谓邪去正自安。另外月经来潮后，注意其经量多少，如量少表明脾肾不足，后期需要健脾益肾，选用当归、益母草、鸡血藤等养血活血，以收全功。闭经是青春期月经异常的常见症状，多为肾气不足所致，裴学义在临证中既注意本病的一般规律，又十分强调结合患者体质，分辨虚实，遵循“虚则补之，实则泻之”的原则，以调气血为主，补虚多采用健脾益肾之法，以后天养先天，达到经血按时而下的治疗目的。

对月经量多、淋漓不断或经期延长者，裴学义多从补肾健脾入手，脾气健运可统血摄血，肾助脾运可共奏统血之功。药用生牡蛎，一物而三用，养阴、清热、固下焦，桑寄生补益肝肾，二药相配是他治疗经血淋漓不尽的主要对药；蒲黄炭、血余炭可温经收敛止血；生山药、芡实健脾统血；赤白芍凉血收敛；升麻意在升提之用，使血不妄行。

如某女，36 岁。月经每月两次，每次持续一周，已一年有余。经血暗红，伴腰酸、头晕、白带多，舌胖大，苔薄白，脉细无力。证属脾肾气虚，下焦湿热。治以补肾健脾，清化湿热，固涩止血。

处方：生牡蛎 30g，桑寄生 30g，川续断 10g，生山药 30g，芡实 10g，川萆薢 10g，杭白菊 10g，赤白芍各 10g，血余炭 10g，蒲黄炭 10g，升麻 1g。

服药二周，月经每月一次，经期仍长。继调服一周，月经基本正常，诸症减轻。继续调养，则月经按期而至，经期无不适。

对于妇科常见的痛经，裴学义认为，痛经乃肝郁不疏、胞宫虚寒、血瘀凝滞所致。治宜疏肝理气，活血化瘀，温经止痛。故常用花蕊石、盐橘核、乌药、香附、郁金、生蒲黄、五灵脂、红白鸡冠花等。

如某女，16 岁。经行时腹部疼痛，连及腰部，经期错后，血色黑有块。证属肝气不舒，血瘀胞宫。治则：活血行气，祛瘀止痛。

处方：生蒲黄 10g，五灵脂 10g，乌药 10g，香附 10g，郁金 10g，赤芍、白芍各 10g，川萆薢 10g，红白鸡冠花各 10g，鸡血藤 30g，延胡索 10g，乳香、没药各 10g。药后经色正常，腹痛减轻。

裴学义在几十年的临床实践中，总结出了一整套治疗不孕症的经验，临证时强调整体观念，对患者的全身症状以及面部形态、色泽，舌，脉，尤其是月经、白带等具体情况，综合分析，辨证用药，疗效显著。细辛、椒目是他治疗不孕症的常用对药，细辛祛寒温经，椒目散寒走窜。桑寄生、杜仲、川续断、狗脊、肉桂温补肾气，滋养肝血。常取当归、川芎、赤芍、熟地四物汤，调和气血。

如某女，38 岁，结婚 3 年未孕。平时月经延期，经常 3～4 个月一次，每次持续两天，有血块。查舌质淡红，苔白厚腻。裴学义认为，这是胞宫虚寒，经血不充，气血瘀滞，肝肾不足所致。治宜补益肝肾，温经暖宫，活血理气。

处方：桑寄生 10g，细辛 3g，椒目 10g，当归 10g，川芎 10g，花蕊石 10g，香橼 10g，佛手 10g，郁金 10g，香附 10g。调理服用 3 个月后怀孕。

治疗妇科病，裴学义首先注重调养脾肾，顾护人体后天之本；其次善用生牡蛎、川萆薢。生牡蛎补肾、清热、固下焦，多用于治疗经血过多、经期延长、痛经等症。川萆薢清利下焦湿热，可分清化浊，对白带增多者必选用；对于青春期及更年期女性易由各种原因引起情志不舒而表现心烦起急、两胁不适、乳房胀痛、月经不调等症，裴学义认为，此乃肝气郁滞、气机失调所致，宜用柴胡、郁金、香附、青皮、陈皮等疏肝理气，解郁除烦。他在临床诊治中很少用破气破血之品，他认为破气破血之品虽可一时有经血来潮，但反而会损伤冲任，伤及肾精及肝血，临床视为大忌。

在治疗其他杂症和疑难病症上，裴学义也很有心得。更由于精于辨证，往往能够化繁为简，破除虚象，抓住主要矛盾，一矢中的。

如20世纪50年代，他曾诊治过一位留苏归来的年轻学者，其高热不退十余天，多方求治，皆认为属外感风寒，应当着重解表，服用了大量的发汗药。但是服药之后，病人热势不减反而越来越高，神志不清，两便失禁。裴学义诊后，见其精神已经极度衰竭，舌质嫩红、舌苔褐色，认为是“大汗出而热不解，胃津亡矣”，于是决定先补其阴，遂用生牡蛎、生龟甲、生鳖甲各四两，浓煎频服，急固下焦，滋阴潜阳。患者服过1剂后，汗便即止；服药3剂后，高热即退，体温降至正常，并可下床行走。如此奇效，一时传为佳话。

妙手回春　医术高超精益求精
闲情逸致　为人处世淡泊致远

中医界熟知裴学义的人都喜欢开玩笑叫他“大姑娘”，一是因为他年轻时候生得白净，面容俊秀；二来更是对他脾气好、性格温顺的形容。

他一生无欲无求，稳重踏实。做人老老实实，行医更是老老实实。孔伯华最看重他的品性，因此放心把他留在身边多年，并将自己的医术倾囊相授。老师肯教，他也认认真真地学，一门心思钻研医道，正如他自己所说：“书痴者文必工，艺痴者技必良。”就这样几十年磨一剑，终于不辱老师的期待，成就了一代名医。在儿童医院，从脑膜炎到黄疸，他接手的病例都是让中西医挠头的难题，但是他心无旁骛地对待工作，硬是将这些本来疑难重症疾病的治愈率提高到了90%以上。对于找上门来的身患重病的病人，他从来不推脱，而是不厌其烦地调治，直到病人病愈为止，其负责的态度，有口皆碑。

裴学义对某些患有疑难重症的患儿，坚持每周出诊，根据病情不断变换方剂，直到痊愈为止。他这种认真负责、一丝不苟的精神感动着每一位患儿家长，不断送来“医德高尚，妙手回春”的锦旗。一个刘姓的小男孩，一岁时得了严重的脑瘫，甚至到了吃不下饭的程度，医院认为已经无药可医了。家长带着最后一线希望，找到了裴学义。他初诊后说，送来还算及时。于是悉心用药，调治了整整3个月，孩子的病情果然开始好转；又坚持治疗了一段时间，孩子竟然痊愈了。以后发育也很正常，并与别的孩子一样可以上学读书。

唐代著名医家孙思邈曰："凡大医治病，必当安神定志，无欲无求。"裴学义正是这样一个无欲无求的人。在他刚刚进入医院工作后，医院给他的工资为每月 160 元，他认为太高，一再要求减下来。在他强烈的要求下，最后定为 120 元。以后每次薪资调整，他都是最后一个涨工资的人。裴学义成名之后，经常有参加各种活动的机会，有时有领导接见，在别人看来是个自我宣传的大好机会，而他则是能推就推，能让就让。学生们问他为什么不去，他说自己年纪大了，喜欢清静，实际上是他淡泊为怀，不追求名利。

北京儿童医院的领导，根据裴学义在医德医术方面的成就和贡献，决定为他举行从医 65 周年纪念活动，但被他婉言谢绝。而当医院为了庆祝六一儿童节，请他义诊的时候，他却随请随到，从不推脱，忙碌一天而乐此不疲。

生活中，裴学义淡泊宁静，清心寡欲，凡

事都能想得开。他为人正直，对于是非曲直他有自己的原则，待人热情坦诚是他留给大家的第一印象。由于裴学义平时与同事们关系都很好，所以有时候谁生活上受了点儿委屈，想不开，晚上都会悄悄跑到他家诉苦。他总是耐心开导，叮嘱他们凡事还是要想开些，将生活的真谛不厌其烦地讲给大家听。由于裴学义平时待人接物周到诚恳，平时不管是医院的大夫、护士，还是其他工作人员，都愿意请他看病，他从来都是一视同仁，认认真真看病，清清楚楚施方。为此博得了大家的敬慕和爱戴。

裴学义的妻子生下第一个孩子后患了类风湿病，以后即一病不起，而裴学义一心一意为妻子诊治、调养。妻子曾一度半身不遂，后来又接连三次发生严重的脑梗死，也都是靠他一手调治好的。两位老人相依相伴，携手步入耄耋之年。关于如何养生，裴学义曾谈到，凡事还是要想得开。就是这样简单质朴的一句话，透露着他不平凡的人生哲学。有不少人找他看病，多是因为心思太细，想的事情太多，今天操心跟家里人拌嘴，明天担心孩子不好好吃饭，后天又开始琢磨晚上做的梦，凡此种种，造成肝气郁结，哪儿都不舒服。除了吃药疏肝调气，关键还是要放宽心，保持心情开朗，这样才能保持身体健康，一辈子才能过得平安。他常这样安慰和开导着前来看病的人们。

如今的裴学义耳聪目明，每日坐诊讲课一如既往，常常一天要诊治几十位病人。诊务之余散散步，养养花，清心寡欲，一直是他的养生之道。年纪大了之后，精力不济，加上不善言辞，他诊治时便不多说什么，只是一边观察病人的神色，一边诊脉一边思考，思定之后，就伸伸几个手指，用手势表达自己的意图，徒弟们会意，就在一旁抄方。有时候抄方的人抄错了，他倒着看也能分辨出来，便伸手指点，令学生及时改正。

裴学义少时学医，矢志岐黄，对中医事业的执著以及对待患者的关怀体恤，几十年如一日。他将中医的医理技法，以及精诚为医的医风医德，发挥极致。他谦逊随和，思想开明，淡泊名利，做事周详。他默默无闻地做人，踏踏实实地做事，实可谓一位中医大家。

（撰稿人　肖相波　裴　胜）

《中华中医昆仑》丛书150位医家名录

（按生年排序）

张锡纯	丁甘仁	萧龙友	王朴诚	恽铁樵
曹炳章	冉雪峰	谢　观	施今墨	汪逢春
孔伯华	黄竹斋	吴佩衡	蒲辅周	陈邦贤
李翰卿	李斯炽	姚国美	陆渊雷	张泽生
时逸人	张梦侬	叶橘泉	王聘贤	陈慎吾
邹云翔	赵炳南	承淡安	余无言	刘惠民
岳美中	沈仲圭	秦伯未	赵锡武	韦文贵
程门雪	黄文东	赵心波	董廷瑶	吴考槃
章次公	石筱山	陆南山	张赞臣	李聪甫
刘绍武	陈存仁	朱仁康	陆瘦燕	姜春华
韩百灵	高仲山	李克绍	王鹏飞	刘春圃
金寿山	哈荔田	何世英	周凤梧	干祖望
关幼波	王为兰	任应秋	罗元恺	祝谌予
杨医亚	郭士魁	何时希	耿鉴庭	俞慎初

裘沛然	顾伯华	江育仁	邓铁涛	门纯德
刘渡舟	尚天裕	朱良春	李玉奇	程士德
尚志钧	赵绍琴	董建华	米伯让	李辅仁
张珍玉	班秀文	颜正华	于已百	颜德馨
路志正	方药中	王乐匋	黄星垣	谢海洲
余桂清	何　任	王子瑜	程莘农	陈彤云
焦树德	张作舟	张　琪	李寿山	张镜人
王绵之	方和谦	印会河	王玉川	蔡小荪
李振华	马继兴	王嘉麟	宋祚民	刘弼臣
王雪苔	刘志明	吴咸中	李今庸	任继学
裴学义	王宝恩	周霭祥	贺普仁	唐由之
赵冠英	许润三	金世元	陆广莘	刘柏龄
徐景藩	吉良晨	吴定寰	沈自尹	王孝涛
张灿玾	周仲瑛	强巴赤列	张代钊	李经纬
郭维淮	柴松岩	苏荣扎布	陈可冀	李济仁
夏桂成	郭子光	巴黑·玉素甫	张学文	陈介甫